LES

DÉCLARATIONS DE M. ROUHER

DE LEUR EFFET

en France et en Italie (1)

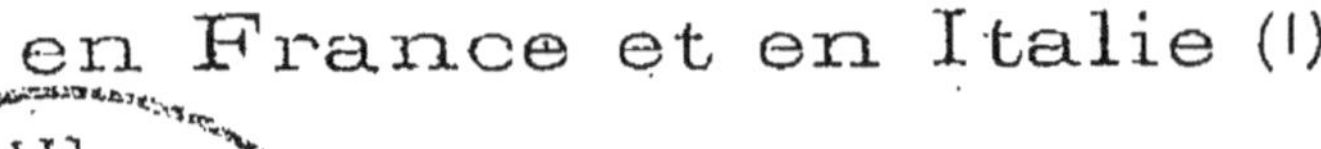

Maintenant que la première émotion produite par l'éloquent discours de M. le ministre d'Etat, par les importantes déclarations politiques qui en ont formé la conclusion si naturelle, est peu à peu

(1) *Méridional*, nᵒˢ des 17, 19 et 22 janvier 1868. — Cette appréciation de la politique proclamée le 5 décembre, écrite sous l'impression encore fraîche de la parole de M. le ministre d'Etat, a paru dans le *Méridional* à une date que l'auteur jugeait tardive. On avait insisté pour la publier néanmoins, et le rédacteur en chef du journal, un charmant et spirituel écrivain que je dois remercier pour une présentation trop flatteuse, l'introduisit auprès de ses lecteurs dans les termes suivants :

« Nous avons reçu le mois dernier trois remarquables arti-
» cles sur la situation de l'Italie et la question romaine.
» Nous eussions vivement désiré les publier aussitôt. Nous ne
» l'avons matériellement pas pu. Aujourd'hui, il nous est

tombée, que les esprits, excités en sens divers, se tranquillisent, il nous a paru curieux et utile de rechercher, après l'exposition nécessaire des faits qui l'ont précédé, premièrement l'effet immédiat de cet acte de tribune et de gouvernement, ensuite son résultat ultérieur de ce côté et au-delà des Alpes.

Depuis le jour où, avec l'ordinaire brutalité de son langage, Garibaldi, au congrès cosmopolite de Genève, avait fait appel aux forces révolutionnaires du monde entier pour la destruction du double pouvoir des papes, — un premier écroulement d'autorité, qui, l'on ne s'en cachait point, préparerait d'autres ruines, — on avait pu constater, de toutes parts, un trouble profond qu'une paix apparente rendait plus extraordinaire et plus sinistre. Les âmes étaient agitées, les affaires en suspens; on sentait que quelque chose remuait qui, des bas

» enfin loisible de leur faire une place dans nos colonnes.
» voici donc le premier. Les deux autres succèderont, nous
» l'espérons, sans interruption de numéros. Si ce travail sem-
» ble avoir perdu un peu de son opportunité, il n'a rien perdu
» de sa profondeur ni de sa justesse, et il n'y a pas d'heure
» fixe, en définitive, pour faire entendre la voix de la vérité. »
Qui avait raison ? L'auteur dans sa crainte d'avoir manqué l'heure propice, ou M. Gravot dans son trop favorable jugement d'un écrit de circonstance attardé. Le doute serait permis si l'on en juge par les brochures récemment publiées ou en voie de publication sur le sujet traité, et c'est ce qui nous engage à faire pour nos amis un tirage à part d'articles, vieillis avant de voir le jour.   P. R.

fonds de la société, allait monter à sa surface. Ce n'était point l'orage encore, mais ce calme menaçant qui l'annonce.

On apprend bientôt que les bandes armées, qui, à la veille du congrès de Genève, avaient envahi les Etats du Saint-Père et qui furent dissipées à Terni, se reforment plus nombreuses. Faits autrement graves ! les comités d'enrôlements, qui hier recrutaient en cachette, agissent au grand jour; des députés, des sénateurs en font partie ; et les envahisseurs, qui eux aussi ont jeté le masque, traversent tout armés les lignes de l'armée italienne campée sur les frontières pour s'opposer à leur marche. On voit même les volontaires fraterniser avec les soldats, leur emprunter leurs armes, leurs munitions et jusqu'à leurs officiers. Bientôt Garibaldi, qui ne semble jamais plus libre qu'après qu'on l'a arrêté, laissant à Caprera la flotte qui le surveillait, marche droit à Florence où il harangue la foule sous les yeux *d'un gouvernement qui s'affaisse*, suivant l'énergique expression de M. Rouher. Expression du reste aussi vraie que forte, car, pendant que le parti d'action entraînait ainsi l'Italie dans une folle et coupable aventure, que faisait le ministère italien ? Il devenait , volontairement ou non, le complice de ceux qui le compromettaient.

Au gouvernement de l'Empereur qui lui signalait d'heure en heure les dangers de la situation, qui lui rappelait le devoir solennellement accepté de protéger les Etats de l'Eglise contre toute invasion du dehors, il promettait, d'abord, de faire, coûte que coûte, respecter la convention jurée, tout en niant le péril ou sa grandeur, puis bientôt et tout d'un coup, il l'exagérait au contraire dans la double intention de couvrir sa responsabilité par l'impossibilité de la tâche, et d'obtenir la permission d'occuper les possessions papales. Rome en très-prochaine révolution, à en croire M. Rattazzi, allait ouvrir la porte à la république. Pendant que la diplomatie italienne cherchait ainsi à égarer l'opinion du gouvernement français, à surprendre même une décision impériale à l'aide d'une hypothèse qui ne s'est point réalisée et sur la foi de laquelle la sagesse avisée du Souverain a eu grand garde de se lier en rien, elle quêtait des appuis politiques auprès d'autres Etats, elle négociait à Londres, à St-Pétersbourg, à Berlin. On comptait sur ces pays pour une pression à notre encontre d'accord encore ici avec la révolution. En effet, Garibaldi, jouant lui aussi au personnage officiel, ne notifiait-il point aux ambassadeurs de Prusse, d'Angleterre et de Russie à Florence, son titre de gouverneur de Rome, titre non caduc selon lui, qu'il devait au triumvirat Mazzini et consorts ? Coïncidence singulière ! Double démarche qui donne à songer !

On en était là en Italie, quelques années après une délivrance due à nos armes qui avait mis fin à une oppression étrangère de plusieurs siècles, moins d'un an après la rétrocession de Venise. En France, par l'effort combiné et sous la bannière de journaux qui se disent et se croient sans doute patriotes, la même campagne se poursuivait contre le pontife romain, attaqué, suivant le cours des circonstances et les conseils des tactiques particulières, tantôt dans son autorité dogmatique, tantôt dans sa puissance politique : à entendre les uns il semblait que le pays fût dans la nécessité de conquérir sa liberté de conscience par une guerre livrée à la religion de la majorité des Français sous l'empire de lois qui ne font aucune distinction entre les cultes reconnus par l'Etat, à entendre les autres sa gloire était intéressée à céder Rome aux Italiens, fût-ce au prix de l'influence que lui vaut son protectorat de l'Eglise sur deux cents millions de catholiques répandus dans le monde. Pour atteindre de telles fins, ils s'armaient vis-à-vis du gouvernement et de la nation de leurs bienfaits mêmes. L'Italie nous devait son indépendance, son unité, nous lui devions, sans marchander, le sacrifice de nos convictions religieuses et de notre prépondérance morale, nous lui devions jusqu'à l'abandon de notre honneur directement frappé par la violation de la convention du 15 septembre.

La question ainsi posée des deux côtés des Alpes, le gouvernement de l'Empereur ne pouvait hésiter sur son devoir. Mais il y a plus. Malgré les sourdes menées et les attentats éclatants de la révolution, Rome et le domaine de St Pierre étaient demeurés fidèles au Souverain Pontife. Non-seulement dès lors il y avait invasion d'un Etat par des forces irrégulières organisées dans un Etat voisin qui s'était expressément obligé à le défendre contre cette irruption, mais violence ouverte contre la souveraineté d'un peuple. Aussi, après avoir réclamé Rome pour les Romains, les révolutionnaires, changeant de maxime sous l'affront des faits et attestant par là même le sentiment de ceux qu'ils prétendaient non plus rendre à eux-mêmes mais subjuguer, demandaient-ils à présent Rome pour l'Italie. Nouveau motif de détermination. L'Empereur ordonna l'expédition qui a été suivie d'un si prompt succès.

Pourtant on ne désespère point encore. Sur le désir de l'Italie, le Gouvernement français a proposé la réunion d'un congrès pour donner une solution définitive à la question romaine. Ne serait-cepoint une tournure pour se décharger sur l'Europe du fardeau d'une protection qui lui pèse ? Une voie indirecte pour abandonner le pouvoir temporel à l'arbitrage de puissances qu'on soupçonne les unes d'être hostiles, les autres indifférentes, très-peu cordialement amicales ? On l'espérait en secret, on le criait sur les toits, et, il faut le reconnaître, les consciences catholiques, malgré les paroles rassurantes du passé, malgré les gages du présent, hésitaient alarmées entre l'espérance et la crainte. C'est alors qu'au milieu des applaudissements presque unanimes des élus de la nation, M. Rouher prononce, au nom de l'Empereur et d'une voix qui porte haut et loin, les déclarations qu'on connaît. « L'Italie ne s'emparera pas de Rome. Jamais la France ne supportera une telle violence faite à son honneur, faite à la catholicité ! — Quand j'ai parlé de Rome, j'ai entendu parler du territoire pontifical actuel dans toute son intégrité. — Mais, en même temps que nous voulons fermement le

» respect de la convention de septembre, nous
» voulons respecter, fortifier l'unité italienne,
» nous voulons que ces deux puissances co-exis-
» tent à côté l'une de l'autre. »

II.

L'effet immédiat de ces déclarations fut grand en Europe, profond en France et en Italie. Satisfaisantes pour les catholiques qu'elles rassuraient, pour les conservateurs qui ne se payent pas d'illusions, elles mécontentaient jusqu'à la colère les hommes de révolution rejetés loin de leur proie sur l'espérance de la saisir, elles ne plaisaient que médiocrement aux partisans de l'ancien état de choses qui auraient voulu provoquer, au lieu de la mise en pleine lumière du but à notre avis trop longtemps caché de la politique impériale, un désaveu suivi d'un retour. Tout était enfin heureusement expliqué, mais rien en réalité ne changeait. —L'unité italienne, œuvre des victoires de la première partie du règne ne serait pas défaite par la seconde; le pouvoir temporel, objet constant de la protection française, demeurerait intact dans les possessions qui lui restent. —

Les passions n'avaient pas entendu les choses de la sorte. Elles se réunirent en Italie, plus qu'on ne pense généralement, pour témoigner de leur mauvaise humeur, de leur irritation commune. Pendant que le parti d'action, auquel on disait clairement cette fois : *tu n'iras pas plus loin,* s'efforçait de mettre à l'adresse de l'Italie une injonction qui ne s'adressait qu'à lui seul et de transformer son affront personnel en une injure publique, la coalition des ambitions déçues, des calculs trompés, l'esprit de séparation toujours subsistant, s'emparaient aussi du programme de *Rome capitale*. Dans le concert de réclamations qui s'élève alors, Turin, qui regrette, crie plus haut que Milan ; Palerme proteste à l'unisson de Naples. La voix des factions retentit jusqu'au sein de Florence troublée dans sa possession nouvelle de capitale italienne, mais trop molle et trop dominée par les révolutionnaires du dehors, pour oser opposer une voix contraire.

En France, les journaux qui, pour une cause ou pour une autre, servent la politique de l'Italie même quand elle contre-carre celle de leur pays, après un moment d'abattement désespéré, se ravisent. Avec une ironie de haute saveur, qu'ils jugent de l'habile tactique et qui n'est que du dépit mal déguisé, ils complimentent l'opposition de droite des déclarations de M. le ministre d'Etat, et, quelques-uns l'ont osé, ils félicitent MM. Thiers et Berryer de leur prochaine entrée au ministère. Ils vont plus loin, et c'est là vraiment le bouquet : ces amis déclarés du régime représentatif à outrance, ces zélateurs des assemblées omnipotentes de la révolution, ces soi-disant libéraux par excellence, pleurent la chute du pouvoir personnel, déplorent l'avènement du gouvernement parlementaire qu'ils voient, ô douleur ! sur le point de déborder et d'emporter dans ses flots portefeuilles et couronne ! Comédiens et comédie !

On devait s'attendre à tout cela, s'attendre aussi

aux soulèvements du parlement italien contre le mot *jamais*. Lorsque, pendant des années entières, on s'est promis, on a promis à son pays une chose dont la posession est devenue le but de toutes les espérances, de toutes les convoitises, de toutes les ambitions, lorsqu'on a proclamé, bien haut et dans toute occasion solennelle, que ce desiratum suprême est utile, indispensable même au couronnement de l'édifice national, on n'y peut renoncer, pour soi même et pour sa patrie, du jour au lendemain. Les engagements du passé y font obstacle. Pire embarras, nettement signalé par M. le ministre d'Etat. « La conquête des Deux-Siciles « accomplie par Garibaldi et acceptée par le roi » Victor-Emmanuel, a établi une solidarité pesante » dont le roi Victor-Emmanuel supporte aujour- » d'hui, dans une large mesure, le châtiment. » Depuis en effet on a sur les bras un personnel nombreux de conspirateurs émérites et de chemises rouges qui, instrument d'attaque contre le voisin, se retourne à l'intérieur en instrument de trouble dès qu'on ne l'occupe plus au-dehors.

Pour parvenir à dompter ces différentes difficultés, il faudra du temps, du courage et une invincible résolution ; il faudra savoir sacrifier une bonne fois la passion de parti à la raison d'Etat, faire taire en soi et chez les autres l'intérêt de province, de coterie, de faction, pour ne laisser parler que la conscience du patriote et l'intérêt supérieur de la nation. L'Italie n'est pas arrivée encore à ce degré éminent de sagesse et de virilité. Enfant gâtée de la politique, habituée à voir les faits accourir au-devant de ses souhaits et ses caprices même lui réussir, elle se mutine au premier obstacle sérieux qu'elle ait rencontré. Elle n'a pas craint de répondre, par la voix de ses représentants, au *jamais vous ne vous emparerez de Rome* du gouvernement français, par un *jamais je n'y renoncerai*; ne songeant point, la folle! que si la main, qui couvrit son unité au berceau, se retirait d'elle, au même moment elle tomberait en dissolution !

III.

A ces effets immédiats des déclarations de M. le ministre d'Etat, effets fâcheux mais qu'on pouvait prévoir tout en espérant de l'Italie plus de maturité et de gratitude, quels résultats ultérieurs succèderont ?

Quelques mots de retour sur le passé nous semblent nécessaires pour répondre à cette question, tant, chez la nation italienne, l'avenir se lie au passé ! — L'Italie, restée municipale sous la forte autorité des Romains, redevint glorieusement municipale au moyen âge. Mais dès lors, elle était agitée par deux courants politiques en sens contraire qui la poussaient, l'un vers l'empire germanique, l'autre vers le pontificat romain. Ces courants d'unité politique, qui prenaient leur source dans des souvenirs et des sentiments différents, ont survécu. Ils se sont retrouvés de nos jours, mais pour subir des déviations de but notables. Le mouvement d'unité monarchique, devenu national, s'est détourné des empereurs d'Allemagne pour se porter vers les rois de Piémont, le mouvement d'unité vers Rome, après une légère efflorescence catholique se transformant tout à coup, a rejeté le drapeau du pape pour celui de la république universelle. Quant à l'élément municipal, il n'a point cessé non plus de subsister. Il se survit à lui-même sous forme d'esprit autonomique depuis que, à la suite et en dépit de la proposition impériale de fédération des Etats italiens sous la présidence pontificale, ces Etats ont disparu successivement pour faire place nette à l'unité monarchique, victorieuse d'un bout à l'autre de la Péninsule grâce à son alliance dangereuse avec le parti mazzinien conduit par Garibaldi sous le nom nouveau de parti d'action.

Mais si le mieux armé a triomphé, aucun des éléments d'autrefois n'a péri en Italie, et le plus battu n'a pas abdiqué. Les vieilles capitales d'Etats tombées au rang de chefs-lieux de provinces ne se sont point consolées de leur abaissement, les révolutionnaires n'ont accepté la royauté de Victor-Emmanuel que comme voie et non comme fin. Et chose singulière ! que seule explique la nature de l'esprit italien, mélange de ruse qui s'enveloppe et de prudence qui s'échappe, au milieu de cette victoire d'un parti, des regrets et des sous-entendus des autres, un même but semble les préoccuper et les réunir, *Rome capitale*. Ils ne diffèrent que sur les moyens, la conquête ouverte ou morale. Les partis subordonnés préfèrent la première, les garibaldiens dans l'espérance très-peu voilée d'installer à Rome le siége de la république universelle, les autonomistes avec le secret dessein de voir, de l'échec de cette entreprise, sortir l'échec de l'unité italienne.

La conquête morale est le mot d'ordre général du parti gouvernant. Il paraîtrait, par ce qui vient de se passer, que ce mot est toutefois entendu différemment par les fractions qui le composent et par les hommes d'Etat qui les dirigent. Jusqu'à l'heure cependant où M. Rattazzi s'est laissé entraîner sur les pas du parti d'action, Rome ne fut, pour les personnages officiels, qu'un vague desideratum, un lointain futur qui, proie présente des esprits amoureux d'avenir ou de passé , permettait, aidant cette distraction puissante, de fonder l'unité monarchique à l'abri des hostilités en sens divers. Un fait le démontre d'assez piquante façon. Le comte de Cavour, qui provoqua le vote de *Rome capitale*, renvoyait la réalisation du vœu italien au lendemain du jour où serait pratiquée sa fameuse formule *l'Eglise libre dans l'Etat libre* ; en d'autres termes, au train dont marchent les choses, à une époque que pourront voir nos petits-fils ou nos arrière-neveux. Mais le programme de l'habile ministre, retenu par les Italiens du centre, est rejeté par ceux du nord et du midi, par la permanente de Turin et les progressistes de Naples qui, s'ils réussissaient, se doutant ou non des conséquences de leurs efforts, en viendraient à ceci: sous le prétexte de parfaire l'unité italienne en lui donnant Rome pour capitale, déchirer la carte de l'Italie actuelle en trois morceaux.

Heureusement pour la Péninsule que le prince

qui, dans sa sagesse éclairée, lui conseilla la fédération comme une voie plus c onforme à ses traditions et moins aventureuse, aujourd'hui que les fondateurs d'une unité politique, qu'il n'a point conseillée la compromettent, montre pour leur œuvre plus d'amour qu'eux-mêmes et la couvre de sa haute sauvegarde en même temps que Rome : car, qu'on ne l'oublie point, telles ont été les formelles déclarations de M. Rouher.

La première flamme de colère et de désappointement jetée, l'Italie voudra répondre à tant de magnanimité par un élan correspondant de patriotisme. Ecartant les préférences de localités, de partis, de personnes, cessant d'être, selon les latitudes ou les convenances, permanente ou consortériste, rattazienne ou ménabréenne, elle sentira que la pire pierre d'achoppement pour son unité n'est point dans la privation de Rome, mais dans les factions qui préludent à son partage géographique par son fractionnement politique. Puis s'élevant, de ces considérations de sort particulier, à des considérations de destinée générale, elle se dira qu'en un moment où les races slave et germanique, maîtresses de la moitié de l'Europe, semblent insatisfaites ; où la Russie, qui a écrasé la Pologne à l'Occident, menace à l'Orient la Turquie ; où la Prusse qui, en une campagne, a conquis la moitié de l'Allemagne, peut, par une nouvelle guerre, s'asservir le reste et s'étendre librement de la Vistule au Rhin, de la mer du Nord à la mer Adriatique, ce n'est point l'heure

des querelles intestines et qu'il faut s'unir au lieu
de se désagréger. Elle comprendra enfin, avec sa
vive et prompte intelligence, qu'à des aggloméra-
tions de races telles que celles qui se forment, il
faut pouvoir opposer, pour la protection commune,
des alliances de même nature. Une confédération
de toutes les nations d'origine latine peut devenir
nécessaire dans des circonstances qui , pour
n'être ni arrivées ni prochaines, ne sont ni impos-
sibles, ni même improbables. Cette nécessité s'of-
frant, qu'arriverait-il des peuples latins généralement catholiques, si Rome, le centre de leur race
et de leur foi, leur mère et leur patrie morale, se
dressait entre eux comme un mur de séparation et
d'hostilité? Ils périraient inévitablement sous leurs
discordes.

Ces réflexions et d'autres non moins fortes que
j'omets pour en finir, s'imposeront à l'Italie dès
que, ses passions ayant fait silence, sa raison par-
lera. La chose ne peut tarder, et quel meilleur
augure que le concert de tant de voix autorisées
qui déjà ont condamné, dans le parlement de Florence, au nom du droit des gens et des principes
élémentaires de gouvernement, ces factions qui
s'élèvent, Etats dans l'Etat, pour troubler sa paix
à l'intérieur, et, au dehors, engager sa responsabilité ! Oui, voilà un premier et excellent résultat de
la politique inaugurée le 5 décembre, que suivront
bientôt des résultats meilleurs et plus considéra-
bles. En France cette politique a déjà porté ses
fruits. En tranquillisant les consciences depuis
trop longtemps agitées par une question extérieure

qui avait le terrible privilége de diviser chez nous les citoyens, les maisons, les villes, les contrées, elle est devenue un élément de concorde et de force. Si, ce qu'à Dieu ne plaise, des périls soudains survenaient, au lieu de Bysantins occupés de querelles théologiques, ils trouveraient un peuple uni et debout.

Avignon, le 15 décembre 1867.

P. ROLLET.

Avignon, Typ. adm. Vve A. Bonnet fils. — 899.